KB264615

키즈아이콘

키즈아이콘은 아이들의 꿈과
생각을 키우는 신나고 재미있는
책을 만듭니다.

뽀로로와 마술피리

키즈아이콘

마술피리
The Magic Flute
Prince & Princess

뽀로로와 친구들이 포비네 집에 놀러 갔어요.
"얘들아, 어서 와. 내가 재미있는 책을 읽어 줄게."
포비는 목소리를 가다듬고 천천히 책을 읽어 내려갔어요.

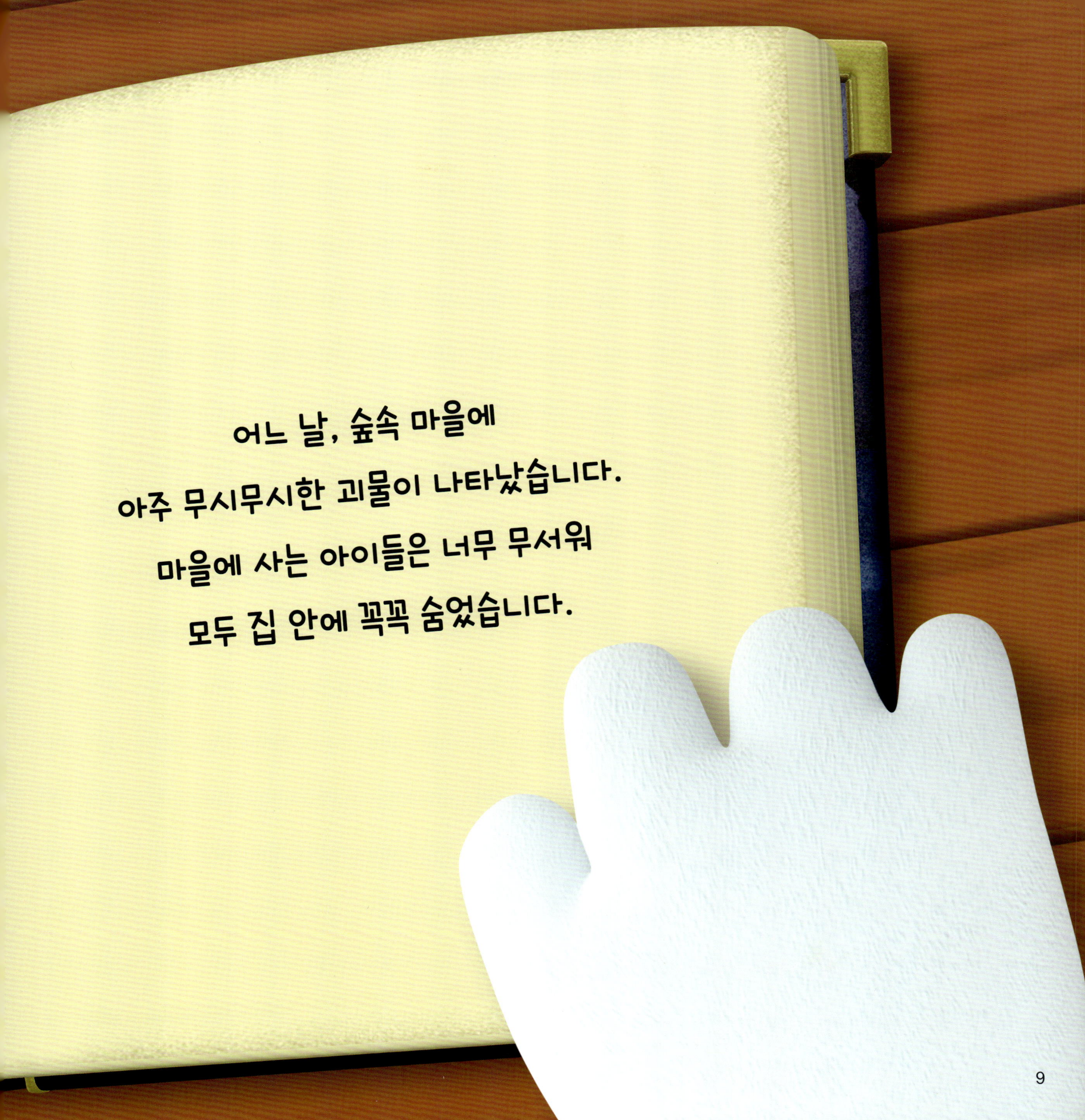

어느 날, 숲속 마을에
아주 무시무시한 괴물이 나타났습니다.
마을에 사는 아이들은 너무 무서워
모두 집 안에 꼭꼭 숨었습니다.

삐릴리 삐릴릴리
그날 밤, 괴물이 피리를 불기 시작하자
마을의 나쁜 아이들은 마법에 걸려
깊은 산속으로 피리 소리를 따라갔습니다.

피리 부는 괴물은 마을의 나쁜 아이들을
모두 데리고 사라졌고 그날 이후, 마을에는
착한 아이들만 살게 되었습니다.

포비가 방긋 웃으며 말했어요.
"착한 아이들은 괜찮아."

그 모습을 보던 뽀로로는 갑자기
크롱과 함께 서둘러 일어났어요.
"우리는 먼저 집에 가 볼게."

13

Pororo

집으로 돌아온 뽀로로는 장난감 상자를 뒤적이며
무언가를 열심히 찾았어요.
잠시 후, 뽀로로는 오래된 상자에서 피리를 꺼내 들었어요.
"드디어 찾았다!"
그리고는 크롱에게 귓속말로 소곤거렸어요.

한편, 집으로 돌아온 루피는
친구들과 다투었던 일들이 떠올랐어요.
앞으로 친구들과 사이좋게 지내겠다고 다짐했지만
여전히 걱정되었어요.

그때 갑자기 창문이 덜컹 열리더니
어디선가 피리 소리가 들려왔어요.
"무슨 소리지?"

갑자기 창밖에 무시무시한 괴물이 나타났어요.
"으아아악! 괴, 괴물이다!"
루피는 너무 놀라 집 밖으로 도망쳤어요.

아 아 아 아 아 아 아 아!

에디도 포비가 들려준 괴물 이야기가 생각나
친구들에게 장난쳤던 일들을 반성하며 잠자리에 들었어요.
착한 어린이가 되겠다고 다짐했지만 자꾸 무서운 생각이 들었어요.

그때 갑자기 창밖에서 피리 소리가 들리더니
무시무시한 괴물이 나타났어요.
에디는 너무 놀라 소리치며 집 밖으로 도망쳤어요.

에디와 루피는 포비의 집으로 달려가 소리쳤어요.
"피리를 부는 무시무시한 괴물이 나타났어!"
"괴물이라고?"
그 말에 포비는 깜짝 놀랐어요.

22

포비는 에디와 루피의 이야기를 듣고
낮에 서둘러 집으로 돌아간 뽀로로와 크롱이 생각났어요.
"얘들아, 우리 이렇게 해 보자."
포비는 빙그레 웃으며 얘기했어요.

잠시 후, 포비의 집 앞에도 괴물이 나타났어요.
그런데 무시무시한 괴물 가면 뒤에서
뽀로로와 크롱이 소곤거리는 소리가 들렸어요.
"크크크 우리가 괴물인지 아무도 모르겠지?"
"크롱크롱."

뽀로로와 크롱은 괴물 가면을 쓰고 살금살금 걸어갔어요.
그때 갑자기 뒤에서 이상한 피리 소리가 들렸어요.
"이게 무슨 소리지?"
뽀로로와 크롱은 겁에 질려 뒤를 돌아보았어요.

뒤를 돌아보니 아주 커다란 괴물이 피리를 불고 있었어요.
"으아아아악! 괴, 괴물이다!"
뽀로로와 크롱은 너무 놀라 땅에 털썩 주저앉고 말았어요.
"친구들에게 장난치는 나쁜 아이들을 데려가려고 왔다!"
"다시는 나쁜 짓 안 할게요. 제발 용서해 주세요!"
뽀로로와 크롱은 괴물에게 싹싹 빌었어요.

“이제 다시는 그런 장난 안 칠 거지?”
포비의 목소리에, 뽀로로와 크롱이 놀라 괴물을 바라보았어요.
괴물 가면 뒤에서 포비와 에디, 루피가 나타났어요.

"정말 미안해. 이제 다시는 나쁜 장난 안 칠게."
뽀로로와 크롱은 진심으로 친구들에게 사과했어요.

친구들은 뽀로로와 크롱을 용서했어요.
그리고 모두 착한 아이가 되기로 약속했답니다.

그런데 갑자기 또 이상한 피리 소리가 들려왔어요.
이번엔 정말 괴물이 나타난 걸까요?

뽀로로와 마술피리

2007년 11월 12일 초판 1쇄 발행 | 2025년 6월 20일 개정증보판 8쇄 발행

발행인 최종일　**발행처** (주)아이코닉스　**기획** 키즈아이콘
총괄책임 서현수　**편집책임** 박정은　**편집** 장보원 조윤수 김예진 이유진
디자인 김미선 이순영 권혜원 경희정
3D제작 스튜디오게일　**제작책임** 신초희　**제작관리** 이수란 김미래 김세미
마케팅책임 김미경　**마케팅** 이창열 서연지 심동수 이경재 이미나 지승한 송호성 이지연
주소 경기도 성남시 분당구 판교로 255번길 64　**고객 센터** 1566-0855
출판등록 2008년 11월 4일(제 2014-000009호)　**홈페이지** www.iconix.co.kr
뽀롱뽀롱 뽀로로 ⓒICONIX/OCON/EBS/SKbroadband
ⓒ2020 ICONIX Co., Ltd. All rights reserved. Printed in Korea.